MÉMOIRE

POUR MM. LES RÉDACTEURS

DU CONSTITUTIONNEL.

PARIS. — IMPRIMERIE DE FAIN, RUE RACINE, N. 4.
PLACE DE L'ODÉON.

MÉMOIRE

POUR MM. LES RÉDACTEURS

DU CONSTITUTIONNEL,

EN RÉPONSE

A L'ACTE D'ACCUSATION EN TENDANCE

SUR LA QUESTION DE SAVOIR :

Si les ordres religieux peuvent s'introduire ou se maintenir dans le royaume sans loi qui les institue, ni ordonnance qui les autorise ; et jusqu'à quel point il a été permis aux écrivains de les signaler et de les combattre.

ADVOCATI *si viderint in aliquo tangi jus regium, de hoc Curiam admonebunt.*
(Ancien serment des avocats.)

Si dans une cause dont ils sont chargés, les avocats remarquent quelque chose qui intéresse la prérogative royale, ils en avertiront la Cour.

PARIS.

BAUDOUIN FRERES, LIBRAIRES,

RUE DE VAUGIRARD, N° 17.

1825.

MÉMOIRE

POUR MM. LES RÉDACTEURS

DU CONSTITUTIONNEL.

La question que je traite dans ce mémoire, celle *de l'intrusion des ordres religieux dans l'État, sans loi qui les institue, ni ordonnance qui les autorise,* devait trouver place dans ma plaidoirie. A la vérité M. l'avocat général n'avait pas repris dans son réquisitoire cette partie de l'acte d'accusation ; mais cet acte n'en était pas moins la pièce fondamentale au procès; et il était du devoir de la défense de ne pas laisser sans réponse une proposition aussi étrange ; mais à peine mes notes étaient-elles terminées, que je vis à leur étendue, qu'il me serait impossible de discuter toute cette immense affaire en une seule audience.

Cependant, ne voulant ni fatiguer la cour, ni diviser son attention, j'ai dû tout concilier; en me décidant à traiter par écrit la question que je soumets d'avance aux méditations des magistrats. Ma plaidoirie s'en trouvera d'autant abrégée, et ma cause n'y perdra rien, puisque ce mémoire sera lu de nos juges. J'y trouverai l'avantage de concentrer en une seule audience l'impression que doit produire, je l'espère, une défense sincère, sur l'esprit de magistrats impartiaux.

Le Réquisitoire renferme un pompeux éloge de la vie monastique et des corporations religieuses. Si c'est là l'opinion personnelle de M. le procureur général, je n'ai point à le contredire sur ce point. Je ne prétends rien rabattre de l'éloge des individus. J'ai visité, comme lui, les trapistes, et j'ai admiré leurs austérités au delà même de tout désir de les imiter. J'ai vu d'autres corporations religieuses vouées à l'instruction de la jeunesse, et dont les maisons sont tenues avec un ordre qui semble parfait, en quelque grand nombre que soient leurs élèves. Mais il ne s'agit pas, en présence de la Cour, de l'éloge qu'en tout état savent mériter quelques pieux personnages considérés isolément; il s'agit d'apprécier, aux yeux de la loi du monde, une tout autre question, qui n'est plus de la religion, puisque les communautés ne sont pas de son essence, mais qui est de la politique et de la législation humaine, parce que les Ordres religieux, comme institution, en faisant corps dans l'État, sont du ressort de la puissance temporelle, sans la permission de laquelle elles ne peuvent légalement ni s'introduire ni se fixer dans le royaume.

Qui le croirait, cependant? l'acte d'accusation contient à ce sujet la proposition la plus fausse, la plus dangereuse, la plus subversive de l'ordre social et de la souveraineté : une proposition qui, émise par d'autres dont les intentions ne seraient pas aussi pures que le sont toujours celles d'un procureur général, pourrait motiver une accusation « comme étant de nature à porter atteinte » à la paix publique, à l'autorité du roi, et à la » stabilité des institutions constitutionnelles(1). »

« N'est-il pas permis de faire ce que la loi ne » défend pas, dit l'acte d'accusation ? Si la loi ne » reconnaît pas les vœux perpétuels, elle ne dé- » nie pourtant à qui que ce soit le droit de » s'habiller comme il lui plaît, de régler l'em- » ploi de son temps à sa fantaisie, de prier Dieu » où il veut, et de se joindre à ses voisins ou » bien à ses amis pour le prier dans une mai- » son commune. »

Par conséquent (si ce raisonnement est vrai), il serait permis d'adopter un uniforme, de s'exercer à des heures fixes au maniement des armes, de se joindre pour cela *à ses voisins ou*

---

(1) Texte de l'article 3 de la loi du 17 mars 1822; le même en vertu duquel on poursuit le *Constitutionnel* pou tendance.

bien a ses amis, et de se loger dans une même maison dont les murs seraient plus ou moins épais.

« Qu'importe que ces sociétés s'appellent des » *couvens !* » dit le réquisitoire. — Qu'importe, dirai-je à mon tour, que la maison s'appelle *caserne*, *forteresse* ou *bastion !*

Non, non, il n'est pas vrai à ce point que tout ce qui n'est pas littéralement défendu soit par là même autorisé de plein droit. Il est des principes inhérens à la souveraineté, qui dérivent de son essence, et qui, à défaut de loi particulière, suffiraient pour détruire l'assertion que je combats.

Cette assertion blesse notre droit public dans ses premiers fondemens : et je la signale à la cour, ne fût-ce que pour satisfaire à cette clause de notre ancien serment, tel que nous l'a conservée Dumoulin : Si dans une cause dont ils sont chargés, les avocats remarquent quelque chose qui intéresse la prérogative royale, ils en avertiront la Cour. *Advocati si viderint in aliquo tangi jus regium, de hoc Curiam admonebunt.* J'y insiste d'ailleurs, parce que cette assertion a été mise en avant pour couvrir le *but réel* de l'accusation; elle en est l'âme ; les plus grands efforts sont employés pour tâcher de l'établir ; c'est un essai de la doctrine, assurément toute nouvelle, à l'aide de laquelle on voudrait protéger l'introduction ou le séjour en France, sans le contrôle ni l'aveu de l'autorité légitime, de gens dont on n'oserait pas prendre ouvertement le parti. Je crois même que les intrus et leurs partisans se consoleraient de voir le ministère perdre son procès de tendance, si l'on voulait leur concéder cette proposition du Réquisitoire, *que pour continuer de subsister en France, ils n'ont besoin ni de loi qui les institue, ni d'ordonnance qui les admette.*

Je dis, au contraire, par opposition formelle à l'acte d'accusation, que dans tout Etat policé, aucune agrégation, congrégation, corporation, association, ordre, ou institut quelconque, ne peut se former valablement sans la permission expresse de l'autorité publique ; que toute coalition de ce genre, loin de pouvoir être protégée, devrait être recherchée et dissoute à la diligence du même magistrat qui nous poursuit.

Les lois romaines sont précises sur ce point : permettez-moi de vous en remettre le texte sous les yeux.... (1)

----

(1) Pour ne point arrêter la discussion, j'ai cru plus convenable de rejeter ces citations dans les notes ; je leur donnerai d'ailleurs ici plus de précision qu'elles n'en auraient eu a l'audience. *Neque societas, neque collegium, neque hujusmodi corpus, passim omnibus haberi conceditur : nam et legibus et senatusconsultis ea res coercetur.* L. 1. ff. Quod cujusq. civitat. nomin. — *Mandatis principalibus præcipitur Præsidibus provinciarum, ne patiantur esse collegia sodalitia.* L. 1 ff. Collegiis et corporibus. — *In summâ, nisi ex senatusconsulti*

La disposition de ces lois a passé dans notre droit public. Domat, d'Aguesseau, Fevret, d'Héricourt, tous nos auteurs enfin posent, comme une règle invariable, qu'aucune assemblée, association ou corporation, ne peut avoir lieu ni se former dans le royaume sans la permission du souverain (1). Cela est vrai, même des assemblées, réunions ou correspondances non autorisées par la loi qui s'établiraient entre les fonctionnaires publics (2). La rigueur à cet égard est

autoritate vel Cæsaris, collegium vel quodcumque tale corpus coierit, contrasenatus consultum et mandata collegium celebrat. L. 3. § 1. ff. dict. tit. *Collegia si qua fuerint illicita, mandatis et constitutionibus dissolvuntur.* d. 1. 5. — Vide in Antiquit. Brissonii, lib. 1, cap. 14. *Collegia illicita, quibus legibus, senatusconsultis, constitutionibusque coerceantur.*

(1) Domat, Du droit public, liv. 1, tit. 2, sect. 2, n°. 14. « Il est de l'ordre et de la police d'un état, que toutes assemblées de plusieurs personnes en un corps, y soient illicites, à *cause du danger de celles qui pourraient avoir pour fin quelque entreprise contre le public.* Celles mêmes qui n'ont pour fin que de justes causes, ne peuvent se former sans une expresse approbation du souverain, sur la connaissance de l'utilité qui peut s'y trouver. Ce qui rend nécessaire l'usage des permissions d'établir des corps et communautés ecclésiastiques ou laïques, régulières, séculières, *et de toute autre sorte*, chapitres, universités, collèges, monastères, hôpitaux, corps de métiers, confréries, maisons de ville ou d'autres lieux, *et toutes autres qui rassemblent diverses personnes pour quelque usage que ce puisse être.*

(2) D'Aguesseau, tom. IX, pag. 16, édit. in-4°. Code pénal de 1810, art. 123.

telle, qu'un conseil municipal de la plus petite commune rurale de France ne peut pas, sans une autorisation préalable de l'administration supérieure, s'assembler, ne fût-ce que dans l'objet, assurément bien peu propre à causer de l'ombrage, de donner son approbation au choix d'un garde champêtre !

Les autres nations de l'Europe observent le même droit, témoin le déchaînement de la Sainte-Alliance contre les *associations secrètes*, les *francs-maçons*, les *illuminés* et les *carbonari*.

Vainement viendrait-on nous dire qu'il s'agit, dans notre espèce, de corporations *religieuses*. Le principe est le même ; il n'admet pas d'exception ; ou plutôt, disons qu'ici plus le masque serait respectable, plus grand serait le danger. Aussi tous les anciens canonistes sont-ils d'accord sur ce point, d'ailleurs consacré par plusieurs lois, par les réquisitoires des anciens magistrats et les arrêts du parlement, qu'en France toute association, réunion ou corporation religieuse, était réputée *illicite*, et comme telle *condamnée à se dissoudre*, si elle n'avait pas été préalablement autorisée par lettres-patentes du roi, dûment vérifiées et enregistrées (1).

(1) Autrement, il y a abus. Fevret, Traité de l'abus, tom. I, pag. 89, pag. 91, deuxième colonne, pag. 97, colonne 1. D'Héricourt, Droit ecclésiastique. Voyez les nombreux arrêts sur cette matière dans les *Preuves des Libertés de l'Église gallicane*.

Et dans l'état actuel de la législation il est si peu permis de se rassembler *avec ses voisins ou ses amis* dans une *maison commune*, même sous prétexte *d'y prier Dieu*, que le Code pénal, article 294, punit d'amende « tout individu qui,
» sans la permission de l'autorité municipale,
» aura accordé ou consenti l'usage de sa maison ou
» de son appartement, en tout ou en partie, pour
» la réunion des membres d'une *association même*
» *autorisée*, ou *pour l'exercice d'un culte* (1). »

Qu'on cesse donc de nous dire, qu'en cette matière tout ce qui n'est pas textuellement défendu est permis. D'abord, il y a défense expresse, ainsi que l'on vient de le voir; ensuite, je répondrai avec l'apôtre, dont l'autorité devient grande au milieu de ce procès : *Omnia mihi licent, sed omnia non expediunt* (2).

« Eh quoi ! dit l'acte d'accusation, on peut se
» réunir, les théologiens (3) diraient pour pécher,
» tout le monde dira pour se livrer à des occu-
» pations frivoles et mondaines, et l'on ne pourra
» se réunir pour adorer Dieu ! Des sociétés de
» plaisir se forment sans opposition (des as-

(1) Voyez dans le *Courrier Français* du 13 novembre, un jugement récemment rendu par le tribunal de Saint-Étienne, qui condamne à se dissoudre un rassemblement de bonnes femmes qui se réunissaient pour lire l'Évangile à la manière des Quakers.
(2) Epit. ad Corinth., VI, 12.
(3) C'est-à-dire casuistes.

» semblées de danses, de jeu, de spectacles, et
» même trop souvent de débauche), et il faudra
» clore violemment des sociétés d'édification et
» de prières! »

Oui, certainement, il faudra les clore, si elles ne sont pas légalement autorisées.....

Mais c'est dans le Réquisitoire même que je lis cette phrase judicieuse : « Les convenances en-
» seignent à ne pas mêler ce qui est saint à ce qui
» est profane : » et je gémis de trouver ici cette règle violée.

Cependant je ne m'en tiendrai pas là, et je dis que, même à part l'inconvenance d'argumenter du profane au sacré, le raisonnement pèche en fait et en droit.

En effet, chacun sait que, d'après l'article 291 du Code pénal, toutes les réunions, *même de plaisir*, sont sujettes à inspection et visite, quand elles comportent plus de vingt-un individus.

C'est en vertu de cet article que l'on a poursuivi la *Société des amis de la Presse*, quoique présidée par un duc et pair, qui offrait la double garantie de son noble caractère, et de l'éminente dignité dont il était revêtu.

Nulle académie, nulle société, fût-elle de simple lecture, voir même d'agriculture (ne fût-ce que pour parler pommes-de-terre), ne peut s'ouvrir sans la permission de l'autorité.

Il en est de même, à plus forte raison, des

théâtres et représentations publiques quelconques, sur lesquels le despotisme administratif plane avec une telle rigueur, que les arrêts mêmes, paralysés par la toute-puissance des conflits, n'ont pu protéger avec efficacité le droit des actionnaires (1).

Telles sont les maximes de l'administration, et le fait de leur rigoureuse observation ne saurait être contesté.

La conséquence de cette démonstration est donc que le *Constitutionnel* a pu, sans que l'on soit fondé à lui en faire aucun reproche, s'élever contre l'intrusion de toute agrégation, même religieuse, non autorisée par les lois du royaume. Ces agrégations n'ayant pas d'existence légale, aucune loi n'a pu et ne peut les protéger contre le reproche d'usurpation. Si l'on attend de si merveilleux résultats de leur coopération à une œuvre quelconque, qu'on les rétablisse au grand jour, par une loi, et qu'ensuite une ordonnance les autorise. Jusque-là le *Constitutionnel* a pu en dire tout ce qu'il a voulu. En cela, ce journal n'a point troublé l'ordre public : il l'a défendu ; et ceux dont il a dénoncé l'*irruption* en France ne peuvent pas dire

―――――――――――――――――――
(1) Quant aux *jeux publics* dont parle avec douleur M. le procureur général, il sait bien que chaque année, à l'occasion du budget, l'opposition n'a cessé d'en provoquer la fermeture. Mais il sait bien aussi que si on ne les ferme pas, c'est que les exploitans ont en main, pour se défendre, un bail signé par M. le président du conseil général du département de la Seine.

qu'en leur manquant de respect il a manqué de respect à la religion ; car ils ne sont pas la religion ; *ils ne font même pas régulièrement partie du clergé français* ; et ce sont eux, au contraire, qui ont *péché* en cherchant, de leur autorité privée, à se soustraire à la sainte autorité des lois.

Mais, dira-t-on, l'on vous accorde tout cela. M. l'avocat général ne vous a-t-il pas dit nettement qu'on pouvait en toute liberté parler pour ou contre telle ou telle société, et attaquer l'ultramontanisme ?....

M. l'avocat général nous accorde cette liberté ; mais M. le procureur général nous la refuse ; mais M. l'avocat général ne l'accorde qu'avec *restriction* ; il concède le principe, mais il en retient pour lui les conséquences. En effet, la concession n'est pas autre chose elle-même que l'erreur que je combats. En permettant la controverse, elle suppose que l'intrusion des corporations non autorisées, peut se soutenir aussi bien qu'être combattue : il la range ainsi parmi les *opinions probables* : tandis que je la place au rang des maximes les plus pernicieuses au salut de l'état.

J'ai donc besoin de plus en plus de bien assurer mes prémisses. Un peu de patience, ceci est important.

Je reviens donc à l'acte d'accusation.

M. le procureur général s'est fait cette question : « *De quel droit* le Constitutionnel et le

» *Courrier* veulent-ils contraindre les religieux » de la Trappe, de la doctrine et de la charité..... » à aller leur demander ce qu'ils doivent faire, » avec qui ils doivent vivre, et où ils doivent » demeurer? N'est-ce pas le propre des gouver- » nemens libres, qu'en tout ce qui ne blesse ni » la loi, ni l'intérêt d'autrui, chacun puisse faire » son bien-être à sa manière? Mais ici même on » sort des limites de la question. Il ne s'agit plus » d'une thèse religieuse. L'existence des couvens, » avec la liberté d'en sortir, est-elle prohibée; » est-elle un mal social? »

Est-ce un *mal* social? Je répondrai, oui et non, au choix de M. le procureur général. En effet, il convient lui-même que ceci *sort des limites de la question*; et qu'il *ne s'agit plus d'une thèse religieuse*.

Eh bien! *ex concessis*, en traitant cette thèse pour ou contre, librement enfin, *le Constitutionnel* ne peut donc pas être accusé de *tendance à porter atteinte au respect dû à la religion*.

C'est une question, soit. Les avis seront donc partagés. Les uns penseront, avec M. le procureur général, que le rétablissement des couvens, comme il les entend, est un bien social. D'autres bons esprits estimeront le contraire. La controverse est permise, on peut même dire qu'elle est ouverte; car déjà, par deux fois, un projet de loi a été présenté pour le rétablissement des communautés) non pas d'hommes, car il n'en a pas encore été question devant les chambres), mais des simples communautés de femmes, et deux fois ces projets ont été rejetés.

En attendant la troisième tentative, les corporations religieuses sont-elles *prohibées* ? Oui ; car une seule loi existe, celle qui a fermé les couvens : et si ceux avec lesquels M. le procureur général fait des vœux pour voir cette *loi changée* ne sont pas réputés coupables de tendance, quoique cependant leur intrusion non autorisée *blesse évidemment la loi existante*;... comment *le Constitutionnel*, qui n'a fait que défendre cette loi, et qui n'a parlé que son langage, ne serait-il pas à l'abri de toute accusation ?

Pour appuyer la thèse qu'il a entrepris de soutenir, M. le procureur général emprunte de nouveau des argumens et des exemples à la *philosophie* païenne, aux *anciennes religions*, à *Éleusis*, à *Memphis*; il fait l'éloge du *désert* si utile *pour les plaisirs du cœur, et pour calmer les imaginations ardentes*.....

Je ne répéterai pas la réponse que j'ai déjà faite deux fois à ce genre d'argumentation. Je ne veux pas non plus disputer des goûts et de l'utilité dont peut être le désert pour ces imaginations ardentes qui gênent la société, ou qui s'y trouvent mal à leur aise, et de certain goût pour la retraite, qui en général n'est pas celui des fonctionnaires publics ; je me réduis à ce point de droit : *Vous convenez que ceci n'est pas* une *thèse religieuse, et sort des limites de la question.* Pourquoi dites-vous donc, en vous résumant, que « ce n'est pas seulement *impiété*, » mais *atteinte à l'intérêt social,* de chercher à » flétrir ces salutaires institutions? » — Ce ne sont pas des *institutions* tant qu'elles n'auront pas été instituées par la loi ; en attendant, il reste au moins douteux qu'elles fussent *salutaires*, puisque les avis sont partagés : chacun demeure donc libre de dire le sien, *in dubiis libertas* (1).

J'insiste profondément sur ce point, parce que, je ne puis trop le redire, c'est un des plus importans de l'accusation. M. le procureur général a mis le plus grand soin à le traiter, parce qu'il en fait découler une partie de ses griefs. En détruisant radicalement sa proposition, je n'aurai plus qu'à en tirer les conséquences dans ma plaidoirie.

M. le procureur général entreprend de réfuter deux objections dont « l'esprit de parti, dit-il, » s'est surtout armé contre les institutions reli- » gieuses. A l'en croire (continue l'accusateur) » toutes sont dévorées d'une ambition mons- » trueuse; toutes veulent faire irruption dans la » politique, tyranniser les consciences et le » gouvernement lui-même. A l'en croire, toutes

(1) Épigraphe des *Conférences sur la Religion*, par M. Frayssinous.

» ne respirent qu'ultramontanisme et destruc-
» tion des libertés de l'église gallicane. »

Le Constitutionnel aurait pu dire tout cela dans les mêmes termes, et sans qu'on pût le trouver mauvais. Ce serait deux raisons pour la négative sur la question dont M. le procureur général soutient l'affirmative, en la regardant comme la plus *probable*; mais qu'il convient n'être point une thèse religieuse, et qui dès lors sort des limites d'une accusation dont le prétexte est tout religieux.

Mais *le Constitutionnel* peut faire des réponses plus directes.

1°. Il n'a pas dit que toutes les institutions religieuses voulussent faire *irruption dans la politique*. En a-t-il accusé les Bénédictins, les Oratoriens, les modestes Sulpiciens ? en a-t-il accusé ces excellentes sœurs de la Charité, si dignes du beau nom qu'elles portent par la manière dont elles savent le justifier ? et ces généreuses sœurs de Sainte-Camille dont l'héroïque dévouement pendant la peste de Barcelone n'a été célébré nulle part ailleurs avec plus d'exaltation que dans *le Constitutionnel* ?

S'il a reproché à quelque institution de vouloir faire irruption dans la politique, et cerner le gouvernement, il ne l'a dit que d'*une seule*, la seule pourtant que le Réquisitoire n'ait pas cru opportun de nommer...., et qui ne s'y trouve *in petto*..... que sous un *et cœtera*... Le Réquisitoire ne l'a pas nommée, parce que ce nom seul, prononcé avec prédilection par le ministère public, eût établi la dissidence la plus marquée entre l'accusation actuelle et tous les réquisitoires, comme tous les arrêts de l'ancienne magistrature! Mais ce nom n'en est pas moins partie au procès; ceux qu'il désigne sont présens à toutes les pensées, comme ces grandes images que cherchaient les yeux des Romains aux funérailles de Germanicus (1)!

2°. M. le procureur général, sachant bien, sans doute, de qui il voulait parler, avoue qu'il peut bien arriver « qu'au sein de quelques-unes » de ces institutions saintes, il se glisse des profa- » nes; que quelques intérêts du siècle se cou- » vrent du manteau respectable de la piété pour » servir des ambitions isolées; que quelques es- » prits extrêmes ou peu éclairés, s'exagèrent la » soumission due, dans des limites si bien con- » nues, au chef de l'Église. *Qui le nie?* »

Eh bien! si personne ne le nie, il faut se désister de l'accusation en ce chef, car *le Constitutionnel* n'a pas dit autre chose, et les concessions que fait l'acte d'accusation justifient pleinement tout ce qu'a dit le journal sur les empiétemens dont la religion était le prétexte. Il n'a pas dit, en effet, que *la religion* fût ultramon-

----

(1) *Sed præfulgebant.... eo ipso quod effigies eorum non visebantur.* Tacit., *Annal.*, lib. III, *in fine.*

taine, mais seulement, que certains hommes étaient ultramontains; et, comme c'est apparemment dans le seul intérêt de la religion qu'on agit, et non dans l'intérêt de ces hommes profanes *qui se couvrent du manteau respectable de la piété pour servir des ambitions isolées*, de ces *esprits extrêmes qui s'exagèrent la soumission due au chef de l'Église*, il faut bien avouer que la religion est désintéressée dans ces reproches. Qu'est-ce donc, Messieurs? — C'est uniquement la thèse des libertés de l'église gallicane, cette thèse honorable et sacrée, défendue par tout ce que nous avons eu de grands hommes, et qu'il s'agit de défendre encore aujourd'hui.

Mais, dit l'accusation, « avec cette conces-
» sion même, faite par la bonne foi, quel si
» grand danger en pourrait-il naître?.... »

Quel si grand danger, M. le procureur général? Tout le danger d'autrefois: celui que tous vos prédécesseurs, sans exception ont si bien entrevu, si attentivement surveillé, si habilement conjuré; celui de voir détruire l'indépendance de la Couronne et la liberté légitime des sujets.

Bon pour autrefois, dites-vous, mais aujourd'hui, « surtout dans l'état actuel de l'opinion
» religieuse! c'est l'athéisme, c'est le matéria-
» lisme, qu'il faut combattre! ces deux grands
» dissolvans.... » — *Milord, vous ne répondez*

pas, disait Marie Stuart à l'un des juges qui l'accusaient de *tendance* à pousser au papisme... Où sont-ils ces *athées*, ces *matérialistes* ? qui les représente ici ? qui voudrait les défendre ? et quant à ces expressions de dédain, *surtout dans l'état actuel de l'opinion religieuse*, quel sens y attachez-vous ? Prétendez-vous par-là ramener la thèse imprudente et déjà trop ébruitée, de *l'indifférence en matière de religion* ? Ah ! ne faites pas cette injure à notre nation de la croire indifférente sur ce point le plus important de tous ! C'est à nous qu'il appartient de le dire, nous qui, étrangers à la révolution dans ce qu'elle eut de sang et d'excès (1), voulons seulement n'en pas laisser perdre le bien que la Providence en a fait sortir : loin de diminuer en France, le sentiment religieux n'a fait que renaître et s'enraciner plus profondément dans nos cœurs depuis le jour mémorable qui vit, au milieu de nous, se relever les autels ! J'en atteste l'affluence de mes contemporains à ces célèbres conférences

(1) Je veux m'appuyer ici des expressions mêmes de M. Bellart, dans le célèbre *Plaidoyer* où il s'écriait avec une éloquence bien supérieure à la mienne : « Nous, *enfans adoptifs de la révolution*, nous qui n'avons vu subir à aucun des nôtres ni proscription, ni exil, sachons apprécier le bonheur de pouvoir, *au sein d'une patrie sortie d'esclavage*, goûter à la fois les généreuses jouissances que donne la *liberté*. » Plaidoyer de M. BELLART, avocat, pour mademoiselle Adélaïde de Cicé, p. 136.

de St.-Sulpice, où la controverse gardait tant de mesures, et par-là même produisait tant de conviction! Ces édifices sacrés réparés à tant de frais dans nos villes et dans nos campagnes! et l'amour des fidèles pour ces vieux pasteurs qui vivifient les leçons de l'Évangile par les œuvres de la charité! Ah! parle qui voudra de notre indifférence en matière de religion : je la nie comme une insulte à la piété du peuple français!

On emploie fréquemment un argument dont il importe de se défier. Si l'on allègue l'exemple du passé, et le zèle avec lequel nos ancêtres ont défendu les libertés de notre Église, on nous dit : Ah! quelle différence! alors on était pieux; alors il n'y avait pas de danger pour la religion!

Mais de quel temps entend parler l'accusation? On peut assigner quatre époques principales à l'état de la religion en France : la barbarie de Clovis, le fanatisme de la ligue, l'hypocrisie qui, sous Louis XIV, suivit la révocation de l'édit de Nantes et les dragonnades; la philosophie anti-religieuse et le libertinage qui infestèrent le règne de Louis XV. Voilà notre histoire ancienne.

Aujourd'hui, au contraire, instruits par le passé, revenus de tous les excès, nous en craignons seulement le retour. Les mœurs sont plus pures à la Ville et même à la Cour : la religion est partout en honneur, et le public accueillerait mal les déclamations de l'impiété. Jamais en France on ne vit un sentiment religieux plus général, plus profond, mais aussi plus éclairé. Oui, nous voulons la religion de nos pères! nous la voulons fortement ; mais telle que Dieu l'a faite, telle que les vrais ministres de l'Église gallicane l'ont toujours enseignée : la religion de Bossuet, de Fénélon et de Pascal, avec ses grâces et ses libertés aujourd'hui menacées.

Vaines terreurs ! dit le magistrat accusateur :
« On veut par-là donner le change aux esprits
» crédules. Que ceux-ci se rassurent. S'il était
» vrai que des *actes matériels* se produisissent
» jamais pour soumettre le sceptre à l'encensoir ;
» si jamais, ce que, grâce à Dieu, *rien ne pré-*
» *sage*, la dignité de la couronne devenait l'objet
» d'entreprises, qui n'en seraient pas moins cou-
» pables pour être qualifiées de religieuses, la
» résistance ne se ferait pas long-temps attendre ;
» on verrait que l'esprit de la vieille magistrature
» n'est pas éteint dans la nouvelle. »

Mon vœu le plus cher est qu'il s'y ranime tout entier. Mais de quoi se composait la vigilance de ces anciens magistrats, l'honneur de la France ? attendaient-ils que le mal fût arrivé à son comble pour y porter secours, et que le feu eût éclaté de toutes parts avant de couper l'incendie ?

Que dirait-on d'un ministre de la guerre qui raisonnerait ainsi : « Nous sommes en paix avec
» tous nos voisins ; plusieurs même, Dieu merci,
» se disent nos alliés. En conséquence j'ai donné
» ordre de ne plus fermer désormais les portes

» des places frontières, de retirer les sentinelles » et de désarmer les remparts. » On lui répondrait avec raison : que pour vivre long-temps en paix, il faut se tenir toujours prêt à la guerre. *Chacun se dit ami; mais fou qui s'y repose.* Il faut donc craindre perpétuellement les surprises, surtout avec un ennemi rusé, accoutumé à rompre les trêves, et qui ne sut jamais respecter les traités. Les limites sont connues; mais bientôt elles seraient franchies, si l'on n'y faisait bonne garde.

Messieurs, il en est de même de la surveillance de nos libertés. Ne méritons pas ce reproche qu'un de nos poëtes adresse à l'imprévoyance :

Nous ne croyons le mal que quand il est venu.

Lorsqu'une fois les institutions sont minées, les positions prises, le gouvernement débordé par une faction qui compte un grand nombre d'agrégés, il suffit plus tard d'arborer un drapeau, et toute résistance devient périlleuse, si même elle ne devient superflue. Montaigne a raison : «Il y a » plus loin de rien à la plus petite chose, que » de celle-là à la plus grande.» *Laissez-leur prendre un pied chez vous*, dit le bon homme, *ils en auront bientôt pris quatre*. Usons donc de prévoyance, et n'oublions pas cette maxime sanitaire, applicable aussi à l'hygiène des gouvernemens, *principiis obsta; serò medicina paratur*.

Telle était la vigilance des anciens magistrats;

ils criaient *qui vive!* à ceux à qui l'on présente aujourd'hui les armes.

Mais, dites-vous, *il faudrait que des actes matériels et positifs se produisissent.*

Alors soyez donc conséquent. S'il vous faut des actes *matériels* et du *positif* pour vous croire en droit de réprimer les uns ; pourquoi ce procès de *simple tendance* contre les autres ? Si vous n'osez pas encore arrêter les écrits de ceux qui professent la tendance à usurper le pouvoir temporel et à ruiner nos libertés, pourquoi, dès à présent, poursuivre avec tant d'ardeur ceux dont l'unique tendance est de s'opposer à ces usurpations, en vous signalant, jour par jour, tous les faits qui en révèlent l'existence ?

Suivant vous, « les libertés de l'église gallicane
» ne sont pas en danger, même quand quelques
» rêveurs ascétiques se proposeraient d'y porter
» des atteintes. »

Rêveurs soit : lisez cependant leurs écrits ; lisez leurs gazettes, dans lesquelles Bossuet lui-même, lorsqu'il cherche à garantir le trône de France des attentats de la tiare, est taxé d'hérésie ; lisez aussi M. de Montlosier qui, pendant quelques jours, est venu à Paris prêter au *Drapeau blanc* l'arrière-ban de son indépendance ; voyez ce qu'il dit du parti qu'il désigne sous le nom de *parti ardent religieux*......Pesez bien ces trois mots qui, par leur alliance, se prêtent tant d'énergie : *parti !... ardent !!... religieux !!!...*

et ensuite, si, réflexion mûrement apportée, vous croyez encore devoir pardonner à ces *rêveurs ascétiques* qui s'exercent à prêcher les doctrines de l'ultramontanisme, et méditent ainsi le renversement de nos libertés, soyez égal pour tous, et n'accusez pas avec tant d'empressement ces *rêveurs politiques* qui s'exagèrent peut-être le danger de notre situation, *omnia tuta timentes*; mais enfin qui ne s'élèvent que pour le combattre dans l'intérêt de la religion et de la patrie !

C'est précisément parce que vous vous réservez comme magistrats pour le moment où se produiront des *actes matériels*, qu'il faut laisser aux journaux, à la décharge de votre quiétisme, une petite guerre dont le gouvernement n'entend pas se charger.

Mais vous niez leur compétence et vous en appelez à d'autres organes : au clergé de France et aux vénérables débris de l'ancienne Sorbonne.

Ah ! sans doute, pour reprendre ici vos paroles, elles ne sont pas toutes éteintes les lumières de l'Église de France ! Le journal que je défends n'a jamais manqué de le proclamer. L'archevêque de Paris, l'évêque de Beauvais, d'autres prélats encore (1) ont trouvé chez lui d'équitables apo-

(1) Il est de mon devoir de nommer M. l'évêque de Nevers, qui joint tant d'habileté dans les lettres, à la pratique de toutes les vertus de l'apostolat, et qui, dans ses visites pastorales dans les montagnes de la Nièvre, a laissé les plus touchans souvenirs de sa douceur évangélique et de son inépuisable charité.

logistes, et pour la douce charité qui anime leurs mandemens, et pour leurs belles actions publiques ou privées ; mais principalement occupé de bonnes œuvres, livré aux fonctions assidues du saint ministère, il est une querelle de plume dont le clergé ne peut pas habituellement se charger en présence du public.

La Sorbonne, je le crois aussi, ne sera pas infidèle à ses précédens : elle produira encore d'illustres et courageux défenseurs des libertés de notre église (1). Mais ces vénérables débris, où sont-ils ? et n'est-il pas à craindre que reprenant une vieille idée pour l'adapter à une organisation toute nouvelle, on n'y fasse entrer tant de cordeliers, tant de cordeliers, qu'à la fin la majorité leur demeure ?....

Quelque confiance toutefois que méritent ces futurs champions de nos libertés, est-il donc vrai que nul n'ait le droit de partager avec eux l'honneur de les défendre ?

Messieurs, ceci est de doctrine et nous intéresse tous. Je dis que le dépôt de ces libertés n'est pas seulement confié aux clercs, aux canonistes de profession, et à ceux que le bon archevêque de Toulouse a nommés si plaisamment *les savans du Conseil d'État* : ce dépôt est confié en commun à tous les membres de l'Église gallicane (1) ;

---

(1) Tels que Arnault, Louis-Ellies Dupin, et tant d'autres
(2) « Il ne faut pas s'imaginer que les ecclésiastiques fran-

et il n'en est aucun, même parmi les simples fidèles, à qui l'on puisse dénier le droit de parler sur des matières qui intéressent aussi essentiellement sa conscience et son repos !

Avons-nous donc les garanties d'autrefois ?

Vous parlez de la *Sorbonne?* Et de quels poids seront les décrets intérieurs de ce sénat de doctrinaires, contre les troubles apportés aux consciences par les refus de sacremens, ou les désordres introduits dans l'État par la confusion des pouvoirs ?

Et l'*Université*, jadis si vive gardienne de nos libertés (1), aujourd'hui peu agissante, déjà menacée, et, comme toutes nos autres institutions,

çais composent seuls tout le corps de l'Église gallicane. Toute la France, c'est-à-dire tous les catholiques français composent tous ensemble le corps de cette église. » Dupuy. — Longè à proposito aberrant, (dit *un autre archevêque de Toulouse*, le célèbre Marca), qui ecclesiam gallicanam clero coercent; latior est illius significatio, quæ laicos ipsumque regem comprehendit. Cap. 1, tit. 2. De concordiâ sacerdotii et imperii — Voyez parmi les *Preuves des libertés de l'église gallicane*, t. I, p. 108, n°. 17, édit. de 1651, une pièce très-curieuse, intitulée *Supplication du peuple de France au Roi contre le pape Boniface VIII*

(1) De faibles vers, mais bien anciens, attestent cette sollicitude de la fille aînée de nos rois.

<blockquote>
Si n'estoit la bonne garde
De l'Université qui garde
La clef de la chrestienté,
Tout eust été bien tourmenté.
</blockquote>

(Jean de Meun, roman de *la Rose*)

dépourvue de vigueur, parce qu'elle est dépourvue de garanties, et par-là même de stabilité!

Les *appels comme d'abus*, pour redevenir efficaces, attendent, je l'ai déjà dit, que vous en soyez les juges. On y reviendra. Le mal ramenera l'emploi du remède, mais il vaudrait mieux y revenir par les principes que par les excès.

En attendant, il ne reste que la liberté de la presse, et l'on vous propose de l'étouffer! On vous le propose au nom de la religion, quand elle défend les libertés de l'Église gallicane : au nom du pouvoir, quand elle lui donne d'utiles avertissemens, et quand elle seule peut-être est capable de le préserver!....

Mais, il est temps de conclure. J'avais à discuter un point important comme principe : *l'intrusion des associations religieuses non autorisées par la loi.*

En traitant cette partie de ma cause, je n'ai pas seulement défendu mes cliens : j'ai ressaisi l'offensive, et j'ai prouvé contre l'acte d'accusation :

1°. Que dans l'état actuel de la législation, ces associations sont *défendues* ;

2°. Que lors même qu'il serait utile d'en rétablir quelques-unes, jusque-là leur apparition est *illégale*, contraire au *droit public* du royaume, au *bon ordre*, à la *souveraineté du roi*, et à tous nos *précédens*;

3°. Qu'en combattant l'esprit dont on suppose

que l'une, ou quelques unes de ces institutions sont animées, en attaquant la personne ou les actes de quelques-uns de leurs membres, on n'a pas attaqué la religion de l'État, mais défendu les saines doctrines de l'église gallicane.

Je dirai le reste à l'audience.

Paris, ce 24 novembre 1825.

DUPIN.

www.ingramcontent.com/pod-product-compliance
Lightning Source LLC
Chambersburg PA
CBHW062000070426
42451CB00012BA/2293